# 流沙河解字系列 导读

冉云飞 著

# 目 录

1 | 祭流沙河先生

4 | 一位高明的解字"二传手"

13 | 从生活中来的文字学

26 | 用四川话及其名物破解文字之谜

41 | "其名自呼"与汉字思维

# 祭流沙河先生

诸位至亲友好，社会各界人士：

粤以己亥之年，建亥之月，吾等以忧伤痛惜之心，追念吾等崇敬爱戴之流沙河先生。

先生幼承庭训，早慧卓异。迨至黉门，读书敏求；才思之捷，秀于同侪。虽贪嗜写作，却越级躐等，以冠绝之能入川大农化系。后历经坎壈，人世白眼；黄粱无梦，身在堪惊。

振先生于苦厄者，惟劬劳之馀，孤檠苦读。其慰藉之深，非嗜书好学者不能明也。此非世人皆弃之，而书不弃渠乎？先生于大苦难中，得庄子之启覆，有诗骚能讽诵，苦中作乐；复研许叔重《说文解字》，于重轭之下猛读，助其于字海里漫游，亦不幸中之万幸也。正所谓死灰复其燃，古井犹有波。先生一身之不幸，乃成吾国文化之大幸，膏火自煎，此之谓欤？

先生以诗名家，踵继文化传统，赓续先贤遗脉。新诗而贯旧韵，感性与理性联袂，情趣并诗理兼容。然其诗名之大，非尽自取乃缘他力。人谓之著名诗人，渠敬谢不敏，非故作谩辞，可谓良有以也。

洎乎二十世纪八十年代，高扃深锁之下，国之门禁重启，先生隔海说诗，大陆习染台风，先生与有力焉。然商飙已至，既进玉衡孟冬，指喻说象之外，复沉潜庄子深海，探骊得珠，乐得曳尾于途，不堪与时俱进也。其措意庄子甚夥，殆如坡公有云：吾昔有见而口不能言，今见《庄子》而得吾心。先鞭得着，步调后尘，以极佳之白话翻转庄生奥衍之文言，进而更接时代之卯榫，其风行一时，不可谓无预流之妙也。

溯至本世纪初，先生复接幼时习文字蒙求之力，承中年重轭之下苦读许叔重、段若膺著述之积淀，穷搜猛读甲金籀诸种文字，参以十三经注疏，以诗人、作家、学者三者之合体发力，成一系列迥乎不同时人之文字学著述，深入与浅出共冶一炉，有趣与烛微戮力比翼，新知与美文同步共振。其有功于中国文化之理解与腾播，既深且巨，诸著洵为传世之作无疑。然其本乎传统而不囿于传统，正谓深于古而不泥于古，不予高张沉渣者留地步。此非狃旧泥古者所能晓梦见，得王仲任非难陆沉盲瞽之真传必也。

先生学贯中西，尤深于吾国传统，浸淫日久，寝馈涵泳其间，俯仰自如，卓然成家，其乐也何如。其一生固为诸多风波所困，然未尝一日废书不观，非颜如玉非黄金屋之诱使，乃知识之纯然热爱驱之使之。其甘其蜜如上瘾，非酒徒之爱欢伯，非赌徒之贪翻盘者，不能深味此中奥妙也。晚岁聚二三友好于家中，指天说地，无所不谈，得切磋恳谈之大乐。复于稠人广座中，将研究发覆之所得，公诸同好，引发共鸣，其乐倍之，虽增身体负荷，其欢忭之情未有稍减也。漫长历史长河中，承先启后之读书种子，非先生而云谁？

先生乃耿介自守之人，非肃穆如蜡像之庄严人物，其即之也温如春风之沐万物然。先生救人急难，扶助孤弱，然渠闭口无言，使之大多消沉于天壤间。先生擅故事堪比说部，其喜幽默胜于常人，自嘲尤多，却讽人有节。宇宙之大，一芥之微，无不咳唾成珠，机锋之健，常令人绝倒，恨不能与其浮一大白。先生能识人一番机巧，却葆有赤子之心，此又所谓入乎其内而出乎其外者。看似被人蔽弄，却不道破，免人难堪，实有智者大怜悯在焉。

先生之生也天行，逝也物化。然灵魂不朽，却非只著述之力而更藉造化之功。自兹而后，吾等虽失却面聆謦欬之机会，但先生之风范长淑我辈。先生虽已矣，后辈却当然，其精神庶几留存于世，允为最佳之纪念。

流沙河先生治丧委员会共禀

# 一位高明的解字"二传手"

我们都知道，文字是文化乃至文明的承载体，所以了解该文化的历史传承，必须要懂得相应的载体，才能使其脉络犁然自现。大量的古籍需要真有人知道其好坏到底何在，而古今汉字的鸿沟确实存在，不是一般人所能解决的。高考古诗文的比例加重，使得一般家长的焦虑加深，因此除学校加码外，家长也在图书市场上寻觅适合孩子读的书籍，此可谓之考试刚需。再者，各种国学机构的开办，传统文化在意识形态驱使下的回潮，跟风的作者和出版商，都盯着这个庞大的市场，于是"汉字密码""文字故事"等一些"解字天书"陆续出笼。

在这样的乱象之下，还真有对中国文化真正的热爱者在做像样子的研究，流沙河先生便是其中之一。因着学习《字学蒙求》的"童子功"，复因坎壈的生活遭际，使其在困厄的边缘生活中饱读《说文解字》及相关的甲骨文、金文等方面的文字学书籍，于"文革"前便写就《字海漫游》书稿。其结局自然是被抄走，而尸骨不存。但流沙河对古汉字的热爱，并没有因此稍减。三十年前不习诗以后，便一头扎进中国传统文化中，自娱娱人，由此结出的果实是《庄子现代版》《庄子闲吹》《再说龙及其他》《诗经现场》《诗经点醒》《流沙河讲诗经》《流沙河讲古诗十九首》等。更引起读者注意的是他近八十岁开始所出的文字学成果，如影印手稿本《白鱼解字》（排印本名为《流沙河认字》）《正体字回家：细说简化字失据》（以下简称《正体字回家》）《字看我一生》，以及排印本《文字侦探：一百个汉字的文化谜底》（以下简称《文字侦探》）。这些文字学书籍，构成了他对中国文化的基础性研究与理解，若非仔细阅读，断不能了解其乐此不疲、长期耕耘的甘苦，从而窥知他对中国文化的态度。

在这些关于文字的书籍中，《文字侦探》一书比较简洁，利于普通读者阅读，但真要理解流沙河关于文字的奥妙，还是应该细读手稿版《白鱼解字》（包括《正体字回家》与《字看我一生》），因为同样内容的排印本《流沙河认字》无论从便利读者阅读的角度，还是从排印本相对多的手民之误来看，都比手稿本差。手稿本不仅从审美上满足看流沙河秀雅书法的效果，更重要的是，他所写错误甚少，最大限度地传达了作者的意图，使读者不致因手民之误而陷入不必要的泥淖中。然而，该如何来阅读并且理解这些书呢？

首先，我们按通常读一本书的方式来看待它，那么阅读专家艾德勒、范多伦在合著的《如何阅读一本书》之中的意见是可以参考的。首先是基础性阅读。相当于认字,将文中的话弄清楚。流沙河谦称自己的文字学研究是"认字",那么我们不妨先与他一起将他所认的字认清楚。这当然要仔细阅读他的解释步骤,同时要按他对甲骨、金文、篆文等的顺序来理解,如果跳过甲骨文、金文而直接读篆文或者隶变后的文字,这样的"认字"就丧失了基础阅读的功能。复次,检视性阅读,就是粗略性全览,即这本谈文字的书,其特点何在?他主要谈了哪些字?如《白鱼解字》,其汉字排列从简单的数字开始,接着是山川大地、日月星辰、爝火不熄、草木虫鱼、食物器物、走兽飞禽、建筑织物、人类繁衍。至于《字看我一生》则以一个人的出生到死排列起来,用讲故事的方式来讲文字,用侦探方式来破案,不只是作者的爱好,也便利阅者读起来不觉得枯燥古板。这大约是其他有关文字学的著述从来不曾做过的,其活泼有趣可知。

再者为分析性阅读。这种阅读方法用在"流沙河认字"系列书籍上,就是寻绎出这些文字学书籍的解说方法,如用日常生活来解说汉字,用方言来解文字音韵,《说文解字》的作者许慎总结出的六书造字法是如何贯穿在这些著作里,并且有所发挥与纠偏的,等等。进一步地可以从中看出"流沙河认字"系列书籍的文字学阐释及其方法,从哪些人那里有所传承借鉴,如从甲骨四堂以及叶玉森、杨树达、于省吾、丁山、康殷、陈独秀等人那里借鉴了什么,舍弃了什么,综合了什么,这实在是相当费力的读书方法,但经此一役,任何读者都会得益匪浅。我之受益会在所写的系列文章中逐步体现出来。

最后就是主题性阅读。此种方法用于读"流沙河认字"系列,除了读毕他所有的文字学著作外,我还读了作者其他文集中关于文字的散篇文章。同时为了明了其所阐释的文字在当今关于文字学的书籍中处于一个什么样的"位阶",还读了一些在市场上流通比较多的书籍,如日本学者白川静的《汉字百话》《汉字世界》,以及他所指导的学生小山铁郎所写的《神秘的汉字》等,还有瑞典学者林西莉的《汉字王国》,翻看了廖文豪的《汉字树》系列、常秉义的《周易与汉字》等;同时也阅读了一些专家的著作,如高明的《中国古文字学通论》、杨琳的《汉字形义与文化》《汉字语词与华夏文化》、许进雄的《文字小讲》与《中国古代社会:文字与人类学的透视》等。还抽读了白冰的《青铜器铭文研究:白川静金文学著作的成就与得失》、周清泉的《文字考古:对中国古代神话巫术文化与原始意义的解读》二、三册的相关内容。这样的主题性阅读,可以从文化人类学、汉字与中国文化方面生发出一些看法,就可以将"流沙河认字"系列做个比较整体的观察。

为什么要如此做主题阅读?除了艾德勒、范多伦二位的提撕指引外,还因读日本学者中野美代子的多本书籍,如《中国人的思维模式》《中国的妖怪》《〈西游记〉的秘密》(外二种)《龙居空间》等,使我此前本有的主题阅读方法有更加清醒的看见。如读《龙居空间》,想起读人文地理学者段义孚的《空间与地方：经验的视角》，再想起曾读城市布局专家雅各布斯的《美国大城市的死与生》，复引回中国传统的堪舆之学，使得有些看法有贯通之感。复因研究研读中西文化中的生与死，特别是《圣经》中的死亡观，就观察到人活着的行为受死亡观念（含中国的阴宅墓葬等）的影响，深到一个地步，不谈如何理解死亡，根本无法谈如何活着。也就是说，我读"流沙河认字"系列，也希望从中寻绎出人类学、社会学的一些视角来做些解读，以便更加理解汉字是如何影响我们的思维与生活的。

那么，"流沙河认字"系列到底有何特色呢？

简单说来，"流沙河认字"与其他流行的字书有一个相当大的不同之处，就是博识多趣。从多种典籍和各个学者那里传承而来的详加申引，虽无注释，却不损其具有的学术性。博学有阅历的因素，也有读书博杂的结果，复因对所研究的领域理解得比较深透。换言之，就是让你感受到，古今汉字不仅与知识和学问有关，更与我们的生活息息相关。让我们知道，古文字并不是躺在停尸房里，其间所蕴藏的诸多祖先文化及生活信息，依旧在影响我们今天的生活。对某事物或者人物的看法未能确定，如系悬拟之辞，有猜测之意，绝不藏着掖着。至于廖文豪的《汉字树》、常秉义的《周易与汉字》多有适己意的误解之处，前者被有的学者称之为文字学中的"武侠小说"与"科幻小说"，后者不时施其玄秘以售其私。至于白川静的文字学，有开人心窍处，但难免有拿着一把锤子，到处看着都是钉子之嫌，具体的评价我会在后续文章中揭橥出来。

流沙河阐释古今汉字之博学除了以上所述外，还体现在他的方法上。深入之论证自待后文，但他在《文字侦探》序言里所说的如下方法，却是理解"流沙河认字"系列文字学书籍的钥匙，我们于此应该深致注意。他认为侦破古文字之案，其曲折深不可测，比做个一般意义上的侦探都更复杂。"必须从典籍里翻查主证，又须从语词里找到旁证，还须从百科知识里觅得印证，更须有胆有识，动摇权威的旧说，自创切实的新解。"所谓典籍里的主证，就是所收的甲骨金文的书籍，以及依据《说文解字》而对小篆的理解，这是最为基础的证据，失却了便系游谈无根。而旁证就是在其他书籍及关联性词语里，找出相关的证据，来证明甲骨金文为何要如此解，以明白此字的本义之源为何，而引申衍义之流又走向了何方。而百科知识则包括对日常生活的观察，对现存方音的探寻，因为在这些我们习以为常的生活状态里，必定暗藏过往文化的雪泥鸿爪乃至"活化石"。"流沙河认字"系列书籍，正是用这三者结合在一起的方法来阐释字词的。

为什么"流沙河认字"系列与市面上关于文字学的书籍能区别开来呢？除功力与学养外，动机之不同也是一大因素。"老实说吧，写书未想过'为人民服务'（请问谁是人民），也未想过为人民币服务（那点钱太少了），我只是图个过瘾罢了。独坐书房窗前，俯身大案桌上，我就是文字学的福尔摩斯了。读者看我怎么破案，我便扬扬自得，有成就感。心情舒畅，就延年益寿，比吃啥补药都强。这样说来，我倒是该感谢亲爱的读者。"(《文字侦探》序,新星出版社2011年版。下同)这序文告知世人,他写作既非取媚于人,也非"为人民币服务","偶有文章娱小我",在写作上自然不会受市场及诸般风气之左右。准此,使得他对古今汉字的阐释既与完全象牙塔的研究区别开来,又与媚市场之需而拼凑起来的剪刀糨糊之作完全不同。在对古今汉字的认识与相关知识的传播上,他算得上是有功之人。

众所周知,一支顶尖排球队中,没有出色的二传手是不可想象的,这便是我说流沙河是阐释古今汉字高明的"二传手"的原因。二传手的风头与受人瞩目的程度,都远不如主攻手,记住郎平的人多,但孙晋芳就没那么出名了。在我看来,研究古文字的"甲骨四堂"、胡厚宣、于省吾等学者,应该算是做阐释古文字基础工作的"一传手"了。流沙河对不少古今文字的释读并非都是开创性的,是站在前人的肩膀上发力,但在不少文字的释读上更出彩更细腻更合理,更容易被人理解,实在是非常出色的二传手。我当然不是说流沙河在他的书中完全没有做过一传手的工作,也不是说他没有直接扣过球,其实出色的二传手经常直接将球传到对方防不胜防的死穴之地,让对方无力补救。打出这种球时,多半就是流沙河在序言中所说的得意之时。如在释读出"妊"字里所含的"壬"字后,他借已经死去的主人公李德九(三三)之口说出了如下的话:"女人怀孕,大腹沉重,好比男人担挑子,负担同样重。这壬字,哑谜三千年,三三我猜中,真是鬼聪明!"(《字看我一生》P5,中华书局2017年版)这就好比直接扣到对方无人防守的场地中,或者虽有防守却无力抵挡，仿佛一传二传扣球一气呵成，为文化赢得了一分。

流沙河十三岁时，国文老师刘兰坡来给他们上课时，手持一炷香上讲台，说"我是燃香而来，望诸君努力"，流沙河也以此自任，"数十年萌芽，结了一枚瘪果《流沙河认字》，报答恩师的一炷香。'薪尽火传'这回说到自己身上来了"（《白鱼解字》序，新星出版社2013年版。下同）。两年后他在《正字体回家》（新星出版社2016年版。下同）序中又发了一回相同的感慨，其时学者杜道生的弟子王旭携《杜道生传》和《百岁手稿精选》等到流沙河家看望他，陈述杜道生平生事迹及研究文字学的心得，于是让流沙河生出特别的感言："写书固然一己自娱，但也是薪火的自觉。"薪尽而火得以传，全赖二传手巧妙有效的组织，而得以使更多的读者集体成为文化的"主攻手"，俾使文脉得以流布不竭。但这样"燃香"的仪式感，与王旭进门见流沙河还行"跪拜古礼"——这是行者自行，非受者要求，以我所知，流沙河收唯一弟子石地时也未如此行——都容易滋生对文化的偶像崇拜，这是我们热爱文化的人不能不加以警醒的。虽然我们对如此的行者与受者都有一份体谅与理解，但我也不得不说出自己真实的感受。

换言之，我对流沙河予汉字文化之认可中时有的偶像化倾向并不赞同。因为世界上任何一种文化都是人造物，其不完美与有限，是有目共睹的。即便再令人惊叹，也不应该在骨子里有一种膜拜的倾向，流沙河对汉字的态度有时难免落入这样的窠臼之中——研究中国古今文字不落入这种倾向的，我还没有看到过。研究中国文化，要有一种冷静客观的态度，不是一件容易的事。像钱穆一样的学者对在研究中国文化中之求真，没有特别强调，却对研究对象要有温情的敬意，有一种强力的提倡，这是中国文化守成主义者的常态。所有学术都是人不完美的劳作，不应该被供起来，无论对汉字本身还是对汉字的研究，都应如此看待。斯宾格勒在《西方的没落》一书中曾写道，一个人在一块土地上住多久，那块土地就会困扰他多久。也就是说，这片土地及其人们发展出来的文化，曾给予我们不少滋养，但也给了我们不少困惑与苦头，我们不必掩饰与否认。

　　这个系列性的文章之所以用"流沙河认字"名之，一来这是他的书名之一，二来这是他谦谨的做法，三来我对他这些书的理解也只是处于"认字"阶段，对于其中深意，尚需慢慢探索咀嚼，方能在胜义纷披中攫得一二自认为是的浅见出来公诸读者。同时，标题中的"古今汉字"也意味着流沙河在阐释古汉字的同时，也延伸讲了不少汉字的演变及历史，以及它在今天的运用，故如此名之，以示非无故也。

　　【附记】2018年11月7日至9日写于成都，9日修订毕。并谨以此顺祝流沙河先生11月11日八十七岁生日蒙福。文中除第一次称先生外，以后均以名字直称，非不敬也，乃为省冗去繁，特此说明。

# 从生活中来的文字学

中国文化主张道不远人,这个"道"字在传统汉语处境中并没有绝对真理的意思,但它也明白昭示:人虽有限,还是能在周遭的生活中看到一些相对真实的东西。既如此,道不远人能到什么地步呢?你能想到的极致,古人都说过了,庄子所谓道在屎溺中。这么污秽的日常物事,庄子也能从中看出些门道来,自是一种不错的功夫。既如此,在描摹日常生活的文字里,来发掘出一些关于汉字密码的窍门,也没有什么值得大惊小怪的。

话虽如此说,研究文字学的多是知识分子,许多人可能终身没有参与过实际劳作,故不容易从日常生活中得出"近取诸身"的例证,来言说文字的奥妙。相当于放弃了一种让人感到亲切的认识汉字,并发现其文化渊源脉络的有效方式。也就是说"此事古难全":有过劳作经验且善于进行生活观察的人,却没有研究文字演变的能力，反之亦然。从个人有限的"小学"（文字学、训诂学、词汇学等）阅读经验来说，我认为既有比较高深的文字演变研究能力，又能以日常生活中的观察与认知来"近取诸身"，进行细致有趣之佐证，使人憬然大悟者，实在百不得一。

换言之，许多人的学问是越做越深，且以深到识者无多为自得，固不应该受到责备，如果他所做是真学问的话。因为有许多前沿性的学问的确不是普及得了的，不妨作为"为己"之学，而自得于天地间——至于为己之学是否能变化一个人的气质，则不要企望过高，因为这多半是道德自义，为掌控话语权柄者自加光环而已。"今之学者为人"往往受人诟病，除孔子外，荀子在《劝学篇》里也视其"以为禽犊"的"小人之学"。其实，学问与道德之间并非一定正相关，而且是两个评价标准，非得鸡兔同笼，绑架在一起，于二者均有相妨。要言之，我不主张将为己之学与为人之学截然两分，为己自娱，也能娱他利人，二者并非矛盾相斥。为人之学只要不是欺骗读者，不为牟利有意迎合他人趣味，完全是自己真实研究所得，便是有功于读者。

个人认为，流沙河的文字学研究，是将为己之学与为人之学结合得比较好的实践与例证，一句话，能深入也能浅出。能深入固非易事，但能把艰深古奥的学问讲得有趣生动，更难。为何更难呢？因为一来你需要对学问深入吃透，不能以己之昏昏使别人昭昭；二来，你吃透了还要善于为那些不懂的读者着想，能够从生活中取来证据，举例子，善譬喻，为学问搭桥。这便是我读"流沙河认字"系列书籍，徜徉其间而又深觉有趣的原因。

一

我家楼层相对较高，无有电梯。十多年前，小女放学后很难有玩伴，于是朋友送半岁的大白熊给我们，以便给孩子做玩伴。大白熊体型超大，但性情温和，闲时与它戏耍，发觉它后腿上有飞爪，不明就里。有次到沙河师家闲聊及此，他说你家那大白熊严格说来是犬，而非一般意义上的狗，这说法真让人感到新鲜。于是他就借此从文字学的角度给我们讲了"敬—儆—警"三字之间的承续关系。

他说，《说文解字》中的一种草名曰苟，让自己百思不得其解，并且发觉"与苟字组合的语词，其指义和草不相干。得过且过，苟且。偷生忍辱，苟活。逢迎顺从，苟同。随便结交，或随便性交，苟合。只顾眼前，苟安。贪贿不义，苟得。临危滑脱，苟免。钻营爬位，苟进。以上诸词，尝试以狗换苟，……我看倒很合适"（《白鱼解字》P169）。他因此在甲骨文里面找到一个非草头非句字组成的苟字（请直接看《白鱼解字》P170——冉注），认为此字才是最早的狗字。由此字的右边添一只右手拿一根棒即是今天的敬字，走向狗必须拿着一根棍棒，此敬字的本义便是警戒。后来敬字生出他敬之义，自儆之义隐没,于是又造儆做自警用,段玉裁以此释为"与警音义同"。

"篆文儆字人旁立于左边,同其拿棒右手分离,已违象形之旨。立在中间的狗大耳俨然,前腿悬空,后腿直立","犬科动物的狼、狐、犬,皆有'悬蹄',俗曰飞爪,是其特征,以及无'悬蹄'的狗,都包括在内。犬是大概念,狗是其中小概念,所以狗虽'悬蹄'也可以叫犬。"(《白鱼解字》P171)在沙河师看来,我的狗虽然温顺,但含有悬蹄,必有野性,要注意距离。果不其然,不久我就被"教科书式"地咬了一回。在讲犬字时,流沙河又重申一番这样的道理:"许慎说,有悬蹄的方可称之为犬。悬蹄,俗称飞爪,为已退化之蹄爪。无悬蹄的便是狗了,以示区别。推想狗先被人驯养,用来警夜。狗善吠吼,所以名狗。狗吼古音可通。"(《白鱼解字》P307)

狗善吼,也会因喂养不慎而被咬,但它的通人性还是令我惊讶。后来我家大白熊虽然老死了,但它性喜热闹,是个人来疯,让人记忆深刻,不属于下面这种有趣的"狗":"獨非蜀犬,而是从犬蜀声,指某些不合群的狗。"(《正体字回家》P163)

属相乃巫术之孑遗,按出生年份推知我的属相是蛇——人属动物,还有比这更混乱荒谬的说法吗?其实我属于至高者——因此对蛇从小就有兴趣了解,当然是出于了解自身的需要。蛇字起源比较晚,上古时多用它字指蛇,《说文解字》无收。《说文解字》谓它为虫,"上古草居患它,故相问无它乎"。蛇的出现一定是后来它字被作为指物代词后才造的——段玉裁认为此为俗字——这一点几乎是文字学者的共识。宋代徐铉在整理注释《说文解字》时说，今俗作食遮切。这说明宋代就是直接读今蛇音，但是"俗作"，说明其原来的音不应该读此。但究竟原本应该读什么，只有通过各种方式来构拟来揣测。

文字学者蒋善国根据"也"字和"它"字的甲金篆外形及相关字词的声读，觉得它们"是同一个字分化的异体"，而且"《说文》它字重文作蛇，本音 tā，中古音变成 tuō，它的词义是从'委它'得来的，'委它'就是蜿蜒，象蛇行之状，所以蛇以'它'为名，……后来它音变为 shɑ，现北方人说'无变故'或'尚好'为'没（音媒）舍（sɑ）'，'没舍'就是'无它'的音变"（《〈说文解字〉讲稿》P145—147，语文出版社1988年版）。但流沙河的解释与此不同，"它今音 tā 而古音 shā。它字为啥不应该加虫旁？因为它字已经象蛇形，又加虫旁可能误读为两条蛇。在甲骨文，它与虫极为相似，为了不致互混，所以往往在它头上加止（趾）成跎，意思是千万别踩着了。这个跎字是异体字，同为今之蛇字。卜辞常见问话'亡跎'或'不跎'就是问'没蛇吧'。先民居处草莽，最怕不小心踩着蛇。卜辞问'没蛇吧'意思是向神灵询问'不会有祸患吧'。今人互相问候'没啥吧'就是从'没蛇吧'承续来的，啥即蛇也"（《白鱼解字》P250—251）。

两相对比，我觉得流沙河的解释更符合情理与事实，逻辑上自洽度更高。虽然蒋先生在考虑"它"与"也"字的声读花了更多的精力（此处未称引，其引《神异经》之"男露其势，女彰其杀"来说殺字是女阴"也"字的音变，有一定道理），但我觉得其在"它"字的音变秩序上或有可商。不特此也，我觉得流沙河还有些更为有趣的证明，来说明它古音 shā 是有道理的。介于蜀人说没啥，就是北方人说的没什么，于是他顺推如下："蜀人以龙为老大，蛇为老二，称为梭老二。什和么的今音拼成梭声，仍然是蛇。冷兵器的梭镖即蛇矛，斯可证也！语音考古，可补充田野考古之不足，未可忽视。"（《书鱼知小》P97—98，凤凰出版社 2003 年版。下同）尤有进者，流沙河还认为英文的 snake，若急读与汉语蛇的音完全相同。"便是蜀人称大蛇为梭棒（本作蛇蟒），同英语的大蛇 serpent 的读音几乎相同。又，倒转来读便成了今人说的蟒蛇一词了。"（同上）看此解释与引申，不知别人感想，我是很得知识上的滋养与愉悦的。

二

我们很难想象"未"字与饮食的关系，因为很多讲文字学的人也就谈到它是树梢嫩枝，有微小之意，便认为完成了任务。的确，若是从释字的角度来看，这并没有错，因为认字释字，就是知道这个字的意思便可以了。至于这个字所代表的日常功用及其相关的扩张性知识，一般的学者或无法提及了。但你若是要增加受众的理解力，单是解释字义就比较抽象，仿佛与我们的生活和历史关系不那么直接。但流沙河教你认字，便与其他文字学的讲解者不一样，因为他阅历丰富，且有细致观察生活的精神，还有付诸笔墨的能力。换言之，他的文字学解释，往往是一篇好读的文章——这实在是他作为作家文字组织与表达能力之体现——从仿"科普"的意义上来看，也意味着对那个字在某种意义上的"字普"。

"先民重视树梢上的新发嫩枝，特造这个未字，因为这是他们每年春季最美味的菜品。华北乡村至今仍以椿芽、榆芽、槐芽等为菜品。你看菜这个字，拿掉草头，下面是采。采是什么？就是采摘嫩芽做菜。菜者，采也，采树芽也，撷木末也。采字上爪下木。爪是指爪，即手，象形。蜀语'脱不了爪爪'也就是脱不了手。爪置木末，正是采撷树梢上的嫩芽，就是采未。嫩芽可口，造出味字。"(《白鱼解字》P121)一小段文字里不仅让你明了先民造字与他们生活的关系，而且析一字而带出一串相关"当事人"——由未及采、菜、味，可谓顺藤摸瓜，满实满载。如此有趣，谁云枯燥？

我们常吃芋儿，可是我们并不明白，它为何得这样一个名字。"西蜀岷山出产大芋，雅称蹲鸱，其大可知。原始人挖出大芋来，惊叫一声吁（哟），所以名芋。芋母周围附生芋儿，若奶孩然，所以又叫芋艿。乃的古文象女乳形。"(《白鱼解字》P148)先民看到芋这种作物，吓了一跳，于是"哟"了一声，便以此为名。倘若把汉字里取名之其名自呼当作说"我在这里"，心怕你不知道；而芋则像蹲伏的鸱，在那里等着你来被吓一跳。在一篇《芋之所名芋》的文章里，流沙河除说如上名芋的理由外，还称引了《史记·陈涉世家》里"夥颐"，可译成四川人所言之"嚄哟"。其实四川人发惊叹声，何止吁、嚄哟，还有李太白著名的《蜀道难》中的"噫吁嚱",以至于宋庠谓"蜀人见物惊异,辄曰'噫吁嚱'"(《宋景文公笔记》卷上),看来川人历来惊爪爪(zhuazhua)的,大呼小叫,是很有传统的。

说了这么多,流沙河还觉得不过瘾,他像一些古代有名的文字学家如段玉裁一样,佐之以目验:"从前在本单位的农村种过,是在一片下湿烂泥田里,用猪粪作底肥。天冷了,每日挖一窝,足食四五人。焖芋头宜配以小白菜,利在通便,免致厕上挣出声来。"(《书鱼知小》P117)其平静中的诙谐,节制里的快意,颇类讲笑话者在别人笑翻了自己依然稳起。在称引了郭璞对鲵(娃娃鱼)的解释之语后,段玉裁说:"此鱼见书传者不下数十处,而人之不信,少见则多怪也。余在雅州亲见之。"(《说文解字注》P1005,凤凰出版社2015年版,下同。)此种据目验证古物的做法,是如今训诂文字学中常见的做法。"《说文解字注》作者清代段玉裁先生不信世间有此鱼,后在四川雅安目睹,方才信了"(《白鱼解字》P275),两相对照,流沙河此说不确。流沙河亲种芋儿,但他诚实地说自己尚未见过蹲鸱一样的大芋(叶黄茎紫),他只见过两种芋,一青茎、一紫茎,体型当然无法跟蹲鸱相比,蹲鸱或在蜀中失传。段玉裁是在四川雅安为官目验,而流沙河是被打为另类被役使,在成都凤凰山农场亲种,境遇不一,但为破解文字的执着劲儿却是一样的。

四川人特别爱食豌豆尖,可是很多人不知其来历,请先说野豌豆。"伯夷叔齐兄弟俩义不食周粟,作《采薇歌》而饿死。薇,一种蔓生野菜,茎叶似小豆而更加微小,故名。古称山菜,后呼野豌豆，蜀人叫巢菜。今人不识，误为花类，拿来命名女儿。"（《白鱼解字》P148）此解当然不是流沙河独出的心得，但却很好地整合了陆玑《毛诗草木鸟兽虫鱼疏》和段玉裁《说文解字注》的解释。前者谓："薇，山菜也，茎叶皆似小豆，蔓生，其味亦如小豆，可做羹，亦可生食。"后者在释"薇"字的按语中说："项安世曰：'今之野豌豆也。'按，今四川人掐豌豆软梢食之，谓之豌豆颠颠。古之采于山者，野生者也。"（《说文解字注》P40）

段玉裁将野豌豆与吾蜀人工种食的豌豆尖相较，使其说经目验而更见对比之力。流沙河则专作《蜀中豌豆尖说》来详尽申说，掐食的豌豆尖不是一般的豌豆田里长的，而是间种在胡豆田里，使其攀胡豆植株，"直往上冲，高及人腰，得势而葳蕤，故肥嫩好吃。主人存心不让它结豌豆，所以一再采之，直到来年暮春，供应不绝。这点小秘密，成都人多不知，何况北人"（《书鱼知小》P119—120）。段玉裁非北人，但段氏也可能不知这种川人喜食的"豌豆颠颠"是何以长成的。正种胡豆，"歪种"（套种）豌豆，既收了胡豆之实，也得了豌豆尖之惠。一举两得，民众之实践性智慧岂可低估？

有一道菜大约不只是在川菜中很有名，而且其他菜系里也有大致相同的做法，只是调料方面有些差异，那就是糖醋里脊。可这名字写得一直让较真的流沙河耿耿于怀，总是认为不对劲。他由四九鼎革之初看到一道山西菜名为"醋熘里脊"开始，就感觉"里脊"这个写法不通。后来养猪杀猪，看到猪脊骨下面及左右两边,长得有很嫩的一绺肉,知道那就是"里脊肉"。但不通的"里脊"二字一直存在他心里,直到有一天读朱熹解"旅力方刚"(《诗·小雅·北山》),认为"旅与膂同",才冰释了他的疑惑(《书鱼知小》P225—226)。"繁体的吕,二口之间纵向联系。篆文吕象脊椎之形。我们有脊椎骨二十一块,块块之间纵向联系。简化一刀,砍断联系,不再象形,便不好解说了。吕最初造的膂字。膂,脊也。菜肴糖醋膂脊,俗误作里。"(《白鱼解字》P356)因此在流沙河看来,不仅山西的醋熘里脊应该写成醋熘膂脊,而且吕梁山写成吕梁山,是砍掉了其绵延四百公里的脊骨,最好能写成膂梁山,让人一看就明白(《书鱼知小》P226)。我也顺便举一条古证来申说沙河师说法之正确性,清代著名学者钱大昕在《恒言录》卷一"脊梁"条里引用了《朱子语类》的书证后,其按语为:"脊梁为脊吕之转"(转引自吕友仁《训诂识小录》P122,上海古籍出版社2017年版)。

## 三

早年读段玉裁《说文解字注》,看到其为证某字所得的目验,尤其是与四川有关的物事,特别兴奋,仿佛以今历古,感同身受。近几年读"流沙河认字"系列书籍,就更觉亲切。一来与先生交往三十年,熟知他的人生经历,二来听其谈诗论学,说文解字不少,再来读他的书,更有知识上的享受与人生感悟上的合辙。他在论及"總"简成"总"字不合理之时说,简字总一看就像恩。"顺便看金文恩,从心铳声。心上一枚钢铳子,既可以铳孔,又可以铳除孔中堵塞物,其功能在通之透之。这个金文恩是古代的简化字。简得太难认,若不是当过木匠,我也认不得。"(《正体字回家》P166)

我们都知道流沙河当木匠的经历,那是他苦厄人生的一部分。可他在有条件研究文字学时,也能将其苦难经历"变废为宝",为其驱遣所用,此福分实在是他人罕有的。我虽然看到过作家、诗人写自己苦难经历的例证,也看到过艺术家用他们自己所擅长的形式记录自己的历史,但没有看到过一个文字学者,能将自己的痛苦经历拿来阐释文字学嘉惠读者的。尽管他说自己是"尽历沧桑身犹在,重过黄粱梦已无"。

他不仅当过木匠,还在农场喂过猪,真可谓"多能鄙事"。而且这些鄙事之所为,还是在监管下之所为。其喂猪经历,使他后来在解释"斩刍"二字时,让人深感他是创造这二字者的异代知己。"予曾饲猪满圈,终日忙碌。青饲料或用红薯藤或用胡豆苗,随季节而轮换。无论用藤用苗,皆须铡刀铡碎,大锅煮熟,猪才肯吃。铡藤苗时想起偷读《说文解字》,记得许慎解释莝字,仅用'斩刍'二字,何等简洁。铡草曰莝,从草坐声。亲手莝过,予何幸也。"(《白鱼解字》P160)段玉裁也不废话,斩刍,谓之鈇斩之刍,并引一句"秣之摧之"(《诗·小雅·鸳鸯》)来略作申说。许慎《说文解字》是在编撰字典,段玉裁的注是在许之体例上申说纠谬,独流沙河不受他们所则效之体例限制,故能抒发情感。

"凡青饲料皆谓之刍,繁体作芻。篆文是两捆草。哈,我到田里割胡豆苗,就是束成两捆挑回来的!造字者若不是像我一样肩挑过青饲料,怎会这样造此芻字!忽然觉得我通古人,肩添气力。同时感受汉字奇妙,心生敬畏。"(同上)我不同意所有的字是哪一个人比如仓颉造的说法——将重要的事情集中在一个人身上,最容易形成个人崇拜——这一定是一种漫长的"集体表达"。我们从一些字的竞争历史痕迹——即有的字先造,却被后造的代替,或者先造与后造者并行不悖——或许可以说,所有字的最终确认,都是经过生活本身考验与人们选择的结果。造这个"芻"字的人,当然可能亲历过挑刍之经历,即便不亲历其事,也一定看到过,这正符合"远取诸物,近取诸身"的造字法则。"忽然觉得我通古人",这是将古人的造字方式验诸自身生活才能得到的特别感受,一般文字学研究者是无福体会这种快乐的,虽然流沙河这样真可谓苦中作乐。

还是回到他对这个芻字的续解:"铡刀的铡《说文解字》没有。字龄太嫩,未能赶上。古有折字,或许就是铡的前身。折字从斤。斤是长柄斧的象形,所以古书上面连称斧斤。斤在这里代表工具,包括铡刀在内。看甲骨文,斤之所及,断草为二,便不妨理解为用铡'斩芻'。折 zhé 铡 zhá 双声对转,折即铡也。再看金文,断草处有两横像铡槽。铡刀握柄摁下,刀片半入铡槽,断草为二,两旁纷纷落下。折字左旁,明明是草,隶变后误作手,写成所谓提手。一错至今,永无改日。奈何不得,只好随俗。"(同上)这是我关于"流沙河认字"系列文章中唯一全篇引用的文字。像这样的文字，简洁而文采斐然，清晰而富生活情趣，配上他自画的甲金篆诸体字，为师者倘选取来教学生是何等美好的事。

可以这样说，从善于观察生活以今证古这方面来说，在"流沙河认字"系列书籍里不胜枚举。其实这也是一代代研究《说文解字》者的传统，反而是今天研究《说文解字》的学者不这样做了，大约与今之学者和实际生活脱节有关。再举流沙河释一"發"字，以概其馀。"發字从弓癹声。这个癹字音义同撥，本是稻作专业术语，今已被人遗忘。原来水稻春末插秧，夏初薅秧薙tì草，用五齿小钯将稻秧周围野草抓掉。也有不用钯而用浸在水中的脚，左拔一脚，右拔一脚，拔掉野草，踢入泥汀作肥料的，这就叫癹（撥）。许慎说'以足蹋夷草'而未交代水稻薅秧事，所以后人不懂。注意癹字篆文上部右蹋左，左脚蹋右，正是用脚薅掉野草。"（《字看我一生》P127—128）我本农家子，读到这样的解释，回忆自己的乡村经历，对生活于知识都有豁然贯通之感。这样的知识，它不是死的，而是活的，不像油浮在水面上，而是如鱼得水。

【附记】2019年2月14日至3月1日，风雨春寒中断续写于成都，3月1日改定。

## 用四川话及其名物破解文字之谜

一般说来，说文解字一类著述，要么流于质木无趣，要么变为"滑者，水之骨"的游谈无根。流沙河的《白鱼解字》（排印本名《流沙河认字》）出版后，比起其他文字学著作读者要多一些，其原因在于他解字的方式与此前不少学者有异。因他的说文解字，既有学者的严谨，亦有作家的有趣，且不犯游谈无根之病。但有一个问题，却也被认真的读者严肃地提出来，即读完《白鱼解字》，似乎寻不着流沙河解说汉字的规律。

近读章季涛的《怎样学习说文解字》（当代中国出版社2018年版），其"写在前面"一文的作者商参就有一段读《流沙河认字》的感想，值得申说。作者说，他以前觉得解说汉字的书籍枯燥，但《流沙河认字》却激起了他对"说文解字"的兴趣："读来半是忍俊，半是佩服流沙河先生能将最简单说得最生动，倒是真不容易。学者为文，有理无趣者占了大多数，如此这般有理有趣者，自是难能可贵。但若说遗憾，也是多少有一点，即是乏了规律性的讲解，以致'鱼'是见到了一些，'渔'却仍不怎么在行。"（P6）

我得承认作者所说基本是事实，但有两点可以补充。其一是，很多学者其实既无理也无趣，无理是不做真学问，无趣是不会写文章；其二是，流沙河"说文解字"的系列书籍，的确很难让人一下子摸索到清晰的解说汉字的规律。为什么呢？这是因为他的解字书一不是字典，不存在系统的部首编排、释字体例等方面的考虑；再者不是一本专门谈许慎《说文解字》的研究著作，这就使得那些一上来就想掌握汉字规律的心急读者，得了几条"鱼"，却不知道怎样继续去"渔"。像章季涛的《怎样学习说文解字》一书，的确可以让人认识一些规律性的东西，至少他高举黄侃所提倡的玩索《说文解字》之"白文"，注意字素在汉字构造中的活用。但你将这两条记住了，就能在"说文解字"上登堂入室了吗？我想不能那么乐观。

玩索不带标点、没有更多解释的白文——黄侃自己也说过"予如脱离注疏，对周诰句读几无以下笔"（《黄侃手批白文十三经》），那一般读者玩索"说文"之白文，比他这样的国学大师读周诰之白文为何如？当然，我这里所说的白文是一无标点，二无注疏。但"说文"之世传本即已有注释而无今之标点——亦即读徐铉等审定的《说文解字》（世称"大徐本"），是那些急于求成，没有基本古文修养的人所能做到的吗？注重字素的活用，也得对汉字的形音义有相当了解后才能有真正的体会。换言之，真要教些有规律性的东西，那就得是一个有一定古文根柢的人，否则你再把规律讲得清晰，他也没有能力按你展示的规律来做，记住几条干巴巴的规律又有何用呢？但《白鱼解字》却可以面向更为普通的读者群体，即你有一定的阅读能力，复对汉字有些兴趣，就可以来读他的书。读了他的书，入了门，再读其他更为专业性的书籍，才能最终舍筏登岸，深入堂奥。

其实，读《白鱼解字》一书，你只要稍微注意总结，便能明显地感到其间的一些规律。譬如涉及的字词解说，无非用简单的数字、山川大地、日月星辰、爊火不熄、草木虫鱼、食物器物、走兽飞禽、建筑织物、人类繁衍九个部分就可以基本概括清楚。这与许慎之子许冲在《上〈说文解字〉表》中所言《说文》一书之纲目，若合符节。他说许慎作《说文解字》，使"天地鬼神、山川草木、鸟兽昆虫、杂物奇怪、王制礼仪、世间人事，莫不毕载"。也与世面上被视为"国家视频公开课和慕课课程"——武汉大学教授万献初所开的《说文解字十二讲》，有异曲同工之处。万著事涉人类繁衍、草木虫鱼、走兽飞禽、大地山川、建筑织物、食物器物、武器交通。当然，与许慎和万献初不一样的是，流沙河并没有直接专谈六书，而是遍布在各字词的解说之中，这需要读者自行抽绎提取，对普通读者来说确非方便之举。不过在其间探幽索微的乐趣，却是倍于其他解字之书。

## 一、四川话里"说文解字"

此文更切合的标题,应该是"用方言及其名物来破解文字之谜",但因流沙河一生几乎都生活在四川,其所熟悉且多运用的大多是四川话,并施之于他的"说文解字"——因为用"方言"来解说文字,实在是中国学者说文解字的一个传统。在语言变迁的共时性与历时性中,语言学中的方言研究及方言地理,在中国都是一项悠久的传统,且不说流沙河乡贤扬雄《方言》的开创性,就是许慎在《说文解字》里引方言、俗语也多达174条,其中扬雄《方言》一书被称引多达约三分之一(李楯《听陆宗达讲说文》P115,三联书店2017年版)。而学者马宗霍在《〈说文解字〉引方言考》里说许慎引扬雄《方言》达六十馀条,实在是一个不小的数目。如许慎释"蜀谓母曰姐"(今四川仍有少量地方如广元、广汉、威远、西昌、重庆黔江等地呼母曰姐,此称呼亦在四川客家话里有保留),清和邦额《夜谭随录》里用"阿鴜"来指称母亲,今湖南方言称祖母为"娭鴜"或系其遗音。

古人之解说汉字,既为知形,亦有考音,进而辨义,终于明经。这也就意味着,考音并非目的,方音也只是析字辨义的助手。用这"助手"——方言来进行"说文解字"的代不乏人,如段玉裁《说文解字注》即是如此。学者王耀东曾研究谓"段注所引方言材料数量很大,其中《方言》520条,其他古籍262条,活方言101条"。《〈说文解字注〉所引方言材料考》(《昆明理工大学学报》社科版2010年2月出版之第10卷第1期）其中在101条"活方言"里涉及巴蜀方言的有19条（含与江苏并称的3条），仅次于江浙，可见段在四川南溪、巫山、富顺、汉源为官对他搜集方言材料的影响。流沙河作为川人，运用自己生活的语言来以今证古，以古例今，实属非常自然的事。说自然，那是因为学养与准备、观察与储存，都到了一个水到渠成的地步。其实做学问到一个境界，也需要一点人人眼中皆有、他人笔下却少有的境界。

"吾人口语常有鄙俗不堪之词，考证下去，多出古代典籍之内，令人失笑。"（《书鱼知小》P191）这是流沙河在讲成都助拉架架车者为拉飞蛾儿，其实是"拉绋维"之音转加儿化的结果后所做出的总结。古人抬棺柩左右的系绳曰绋，亦称挽棺绳。送葬必执绋，此绳为下葬时缒棺用，今之送花圈还以此谓哀挽。在政府大力推广雅音（普通话）的时代，人们觉得方言天然老土，鄙视不习。其实方言所保留的文化，是大一统的雅音所不能代替的。别的不说，做"小学"研究，研习方言就大有用处。若非如此，像流沙河这样研究文字学，就少了用今音证古音的机会，也阻碍了对字词渊源的探索。

"居字从尸古声。尸象人仰卧形，在古文字常与人字混用，是活人，非遗体。遗体字作屍。如今屍字已废，不论死活，都用尸了。尸字古为声符。巴蜀民间至今有居读gū，问：'你这些年gū到哪里去了？'"（《白鱼解字》P319）《说文解字》谓居，蹲也。从尸古者。流沙河谓从尸古声，从段玉裁改。用川音的gū来为居字的古音作证，是很合适的。且不说众所周知的曹大家（班昭）读为曹大姑——诗经里的"十月纳禾稼"与上句"九月筑场圃"押韵，此"稼"音gū，与圃押韵（《白鱼解字》P53）。——与居属古音见母字的鸡、贵二字，其反切分别为古奚切、居胃切。按今音鸡已分为细音（j），而贵字则别为洪音（g），但在古代则同属见母字。可从发音规律上证明居读gū，与今四川方音的蹲（gū）音相同。

这个四川话的gū字，其实有两个意思，最接近《说文解字》意思的例句，应该是脚都蹲（gū）麻了。或者一人命令另一个人：你给我蹲（gū）倒！至于流沙河所举之"这些年gū到哪里去了"，则是指藏到哪里去了。蹲下来，与站着的人相比，有隐藏躲藏之意，应算此字在四川方言中的引申义。另外学者蒋宗福将此字考为gū、kū两音，广引诸如《广韵》、张慎仪《蜀方言》、王煜《蜀语》、民国《巴县志》《西昌县志》《戏曲剧本集·五台会兄》、刘省三《跻春台》、唐枢《蜀籁》等书将其字定为跍，以及另外"立"字上面不要一点的生造字，因为在造者看来不立即是蹲、跍（《四川方言词源》P147—148，巴蜀书社2014年版）。

现在的城里人，寒冬夜睡或开空调，或有暖水汤瓶，不畏脚冷。倒是乡下留守儿童，父母外出打工，寒冬晚上助爷爷奶奶暖脚，四川人谓之燠（wó）脚。"《诗经·小雅·小明》：'昔我往矣，日月方奥。'奥在这里义为温暖，字本作燠yù。老翁畏寒，夜卧叫孙儿来燠脚。四川人燠读wó，意为温之暖之。天暖犹着棉袍，蜀人笑问：'你在燠豆豉吗？'"（《白鱼解字》P190）对于四川人来讲，此燠（wó）字从读音上都给人温暖之感，但查了几种四川方言词典及相关研究书籍，均漏收。

燠字当然从奥字而来，"这个奥字正是双手持盖子严密盖米饭，免得凉了难以下咽。米饭深藏才能保温。'深奥'一词由此产生。学问做深沉了，别人谀你'已窥堂奥'，意思是学术的殿堂上你已走到深处，能看清楚其中的秘密了。黄河流域古人把'室之西南隅'取名叫奥，是因为那里能避西北风，冬天最温暖，宜尊者居之。"（同上）话说1915年至1916年湖北人陈宧在四川当督军，有些川人很不爽他曾为袁世凯卖力而灭掉二次革命，且来四川钳制西南，就说风凉话讥讽他：一个在房子东北角的人（宧为房子东北角，与奥相对）却想来西南燠脚，这不是黄鼠狼给鸡拜年吗？

米饭虽然要用盖子严密盖住，但米欲蒸煮成饭要先汰洗。"稻米做饭，无论蒸煮，先要用水淘汰泥沙。淘汰一词是从汰米来的。汰字从水大声，右旁本来是大。大古音 tài，所以后人又造个太，汰就写成汰了。汰在上海口语发音近打。理发师问'汰不汰'，意思是洗不洗。外省客误听成'挞不挞'，急答不。事见侯宝林的相声。"（《白鱼解字》P89）虽然汰字四川与上海的发音有差异，但其有"洗"之义却并没有改变，且出自侯宝林的相声，可见流沙河对从日常生活来解剖文字这样的做法，是有深入细致的观察与长期积累的，这与一般文字学者就字词本身做文献资料的对勘之研究是颇为不同的。

说完了上海方言中之"汰",再来展开说四川方言之"汰"。"今人所云太好、太坏、太热、太咸、太平、太古、太子、太空、太阳、太学,本来应该用大字而音 tài。例如成都古寺,本为大慈,建于唐代,老成都皆呼为 tài 慈寺,读的正是大的古音。幼时国文老师讲解四书,'大学之道'读作'太学之导',亦古音也。今人说话,不必满口古音,但须知有古音存在,以利训诂。"(《白鱼解字》P89—90)川人见到蹲鸱忍不住呼其为芋(哟),非常惊叹,就是形容一个事物大到让其讶异,也常说这东西好 tài,自然就有"好大"一词所不具备的情感色彩。方言土语里包含着古音信息,这当然算不得什么稀奇的事,但要去发现,的确需要有心有力。没有能力即便再有心也白搭,有能力却无心也是浪费上帝的恩赐,枉顾自己的才能。

四川农事中至今仍存的有些说法,其来历甚为久远。"夏季除草齐鲁叫薅 nòu,有《孟子》的'深耕易薅'为证。关中叫薅 hāo,有《诗经·周颂·良耜》的'既薅荼蓼'为证。薅薅义同音异,怪哉。说穿了就不怪。同是一个意思,读音演变,形成两字。薅缓读成 hāo nāo 二音,nāo 独立又变成 nòu,写出来就是薅。薅字女旁原来是好之省,放在薅旁作声符的,用来提醒读者这个薅字读 hāo(好)。同一意思,写成两字,是为方言。吾蜀受周秦文化的影响,夏季稻田用耙除草叫薅,不叫薅。"(《白鱼解字》P158)

可能读者会有疑问,《说文解字》薅部里就两个字,一是蓐 rù,二是薅 hāo,怎么可能有 nou 音呢?大约是耨 nòu 同耨

nòu，许慎谓："薅器也。从木，辱声。"还有一个鎒 nòu 字的或体。段玉裁注释说："从木者主柄，从金者主刃。"从上古音来看，槈鎒耨均属泥母屋部，薅则属日母屋部，而薅则属晓母幽部（参见郭锡良编著《汉字古音手册》增订本，商务印书馆 2014 年版）。按章太炎上古娘日二母归泥母的定则（当然有人认为泥日不属于同母，那是另题，不在此讨论），那么槈鎒耨与薅可谓同母同部，故同音或音近。按流沙河的薅字缓读成 hāonāo 二音，意味着分成晓母幽部与泥母幽部，再由 nāo 泥母幽部，变成 nou 泥母屋部。是否如此，在下未敢妄下定论。

换言之，因为地域空间的原因，而使义同的字最终变成音异而形亦异的两个字，这也是汉字演变过程中一个值得注意的特点。不知山东地区如今的除草是否还叫 nòu，但巴蜀地区的薅字还发周秦时代的音而不变。如今四川方言里尚有"薅拨不开"（应付不了的意思）一语可佐证沙河师此释有理，倘与《从生活中来的文字学》里之释撥（拨）字对观，可收互证的效果。

清代学者钱大昕有两个关于上古音韵的著名论断，一是上古无轻唇音，二是上古无舌上音。这两个结论已得到绝大部分研究上古音韵的学者之认可，今用流沙河一些与四川话有关的解释，来证明上古无轻唇音，其说不诬。"乳房，蜀方言叫奶旁 nǎipáng"（《字看我一生》P11），川音读的是古音，因为房之声母 f 变成旁 p。这种情形所在多有。流沙河在谈到鲍鱼是盐渍鱼时（《白鱼解字》P276），却没有谈到《说文解字》同一部的鳆鱼，其实上古鳆鱼亦念鲍鱼。"浮水系匏，'旱鸭子'也不沉，而且省力。浮古音 páo，可知语源于匏。蜀人呼钓具之浮子为 páo 筒，古音犹存。……孵蛋，蜀人谓之抱蛋。"(《白鱼解字》P80)他还举了孚、脬、罦、桴都是声母 f 却读成 p 或者 b。包括接下来他所谈的暴虎冯河之冯，不读 féng 而读 píng，都是系于钱大昕上古无轻唇音的规律，只是流沙河未将其明言出来。

## 二、蜀语与名物训诂

名物训诂一般说来，是指对名物的内涵、形貌及其得名的由来进行解释的一种做法。这种做法涉及许多方面，其中就有学者用对所在地名物制度的考察以证其字的。四川水资源丰沛，因此与水有关的名物也不少，兹分说一二，以概其馀。比如一条鱼常被四川人说成是一根鱼。在论及疾病时，流沙河说道："篆文丙象鱼尾之形。鱼以尾计，而蜀人以根计，说三根鱼。尾亦根也。"(《字看我一生》P9—10)吾乡论鱼多以条计，偶有以根计者，基本不以尾计。

鱼以条计，流传很广，亦有说焉，请看流沙河的解释，虽然他并没有在此拿来作为条字的训诂。庄惠濠梁观鱼而产生的辩论很著名，"那一群鱼，书上写明，名叫鲦鱼。鲦的繁体，从鱼攸声。鲦，蜀人叫白条鱼。为啥攸声而音同條（简作条）？不奇怪，條字也是从木攸声呢。攸，长也。攸有 tiáoyáo 二声，分别写出来就成连绵词遥迢和窈窕，皆具长义。鲦鱼瘦长，故名"（《白鱼解字》P276)。吾乡谓此鲦鱼为白鱼子，王维名篇《山中与裴秀才迪书》里有"当待春山，草木蔓发，春山可望，轻鯈出水"句，亦可佐证也。

水碾在水源及地势能配合得好的地方，在没有机器动力来解决谷之脱壳磨面的时代，是靠自然动力省人力的好工具。由于都江堰水源充沛，自流灌溉，故"西蜀乡村常见水碾。成都地名有水碾河、双水碾、罗家碾。利用落差，水推轮转。轮轴带动楼上石盘滚动于铁槽内，日夜运转，碾稻成米。成本低廉，非常绿色环保。凡水碾之所在，树木茂密，鸟雀聚集，河水绕流，石桥横架，为旧时难忘之乡村景观"（《白鱼解字》P44—45）。如此细致的描摹是为了来说"碾"字在《说文解字》中尚没有，研字是其本字。而"研 yán 是用石研磨他物，例如研药。至于研墨，被墨研磨的石就叫砚 yàn 了。凡物性不明，往往研碎成末，再考究之。这就叫研究"（《白鱼解字》P45）。研碎稻谷和麦子曰研亦曰碾，正如段玉裁在释"研"字是石磨物后，又说"手部曰'摩者，揅也；揅者，摩也'，揅摩以手故从手"。用手摩挲仔细研读，便是"揅"，这也就是清代高官、学者阮元以"揅经室"名其书房名其集的原因。

四川特别是成都茶馆之多，那是相当有名的。学者王笛《茶馆：成都的公共生活和微观世界（1900—1950)》一书是研究成都茶馆的扛鼎之作，不过似乎也没有细到对盖碗茶配件中的茶船有特别深的描摹。即令有，也不可能单独释"茶"而及"船"。茶船又叫茶托，主要功能是用手托时免烫，同时有茶水不小心溢出，也可以承接在茶船里。且看流沙河说四川人为何将如此小的茶托,而以船名之。"受则不分上下,甲骨文是一手递来一舟,另一人伸手接。怪哉,舟船巨物,居然手递!不怪,蜀人上菜品的木盘叫船盘,承茶碗的铜盘叫茶船。《周礼》祭祀用的彝器皆有承盘,古名曰舟。又,另一个更古老的甲骨文递来的不是舟,而是凡(盘)。凡改作舟,取其兼任声符罢了。宴席上递承盘乃常事,取象造字,便于理解。"(《白鱼解字》P341、346,释船字又及舟与盘)就连外国传教士明义士在《甲骨研究》一书也说:"(甲骨文受)象一人以手付盘盂,一人以手承授之形。"我家渝东南紧邻湘鄂,也有茶船之称,这说明湘鄂方言与四川话在属地交接处有某种程度的相通,从而更可考出茶船这样的名物的内涵及其渊源。

"流沙河认字"系列书籍里,用川音来考证名物的例证实在多到"族繁不及备载"。释鼎而及鼎锅,"蜀人至今呼灶上半球形的深锅曰鼎锅,最得鼎之本义"(《白鱼解字》P221),而吾乡大约与沙河师所言略有不同,名之曰鼎罐,放在铁三脚架上,煮饭煮菜用。我们现在常用钱,却不知钱字的来历。"钱字古音jiǎn,指一种很古老的手耕农具名叫铫qiāo,铲形,木柄,很小,蜀中叫铫铫,早被锄取代了,栽花用用而已。"(《字看我一生》P34)至于说人倒霉坐监,"旧时牢狱门额图画虎头,名曰狴犴(传说似虎)。民间叫猫猫监,蜀人叫班房,不知班乃狴bì犴hān二音拼成。明清两代衙役办公室叫班房,非监狱也。"(《字看我一生》P27)

兄弟关系是人伦关系中最寻常的一种,兄字之来历,恐怕人多不明白。"兄就是象形的诵。诵是晚出的形声字,从言甬声。兄字大张其口,正在诵说。家庭成员中,父兄有特权,可教训子弟。所以大张其口诵说其诸弟者为兄。考虑到诵用于诵祝、诵书,所以另造訩字。《说文解字》:'訩,说也。'这个说即口语之'数落',上对下用。长官拿腔拿调。下级说:'他訩人。'訩,简作讻了。如此说来,哥哥称兄,乃是借用动词之诵,并非专为人伦而造。"(《字看我一生》P47)"訩人"之说,常出川人之口,不过基本无人较其真。汉字有些生僻字疑难字,或许还不容易糊住你,但简单到你根本不去思想的字,或许你根本不明就里,这就是流沙河释兄字给我的直接感受。就像钱大昕著《恒言录》考寻常字词语源,却被章太炎所著的重语根的《新方言》而轻视一样,人多以为寻常语源不必深究,其实这是蔽于陈见。至于流沙河释奎字,就更让我回忆起儿时吾母乡间劳作的辛苦来:"而奎字的真相须看古文,原来是上下两只手捻搓三股丝成线。湖湘旧时农妇捻搓三股麻成线,谓之奎麻。"(《字看我一生》P138)吾乡僻处渝鄂湘黔交接处,的确如此称呼,在下深佩沙河师的博闻广知。

在所有关于名物来历的解说中,大约很难有与我们对祖先及相关祭祀礼仪的追寻热情相比的。我们当然都是有祖先的,自然应当尊重。但把有局限的祖先拿来崇拜,便难免被这样的偶像崇拜所挟制,跳不出几千年对血缘的过度依赖,使文化泥淖于此而不能自拔,社会受苦太多,并由此家国同构而成专制制度之渊薮。在说完"祭"与"示"字后,流沙河"接着说祖,从示从且。示是祭天杆，代表神，说过了。且zǔ字象形。象什么形？时髦的说法，象男根形；老实的说法，象神主形。神主，家中享堂上供的祖宗牌，蜀人俗呼先人板板。栗木枣磴制作而成，上刻'某氏堂上高曾远祖之神位'，字要填金，朔望焚香燃烛祭之"（《字看我一生》P68）。一般的神主牌即所谓的先人板板，建在几家共用的堂屋里，初一、十五上香以祭，我想很多人都有这样的经历。只是不知道平常很难听的骂人话"×你先人板板"，这个名物是由此而来的。

作为四川人，当然应该关心四川的简称"蜀"字的来历，以作为此次名物考证的总结。"蜀"字的出现与真实意义，颠覆了我们习以为常的看法。"商周时的山东、江苏、河南、陕西皆有地名曰蜀者。甲骨文蜀多见，无一例指古蜀国者。蜀字象形，即《诗经》之'蜎蜎者蠋'，野蚕是也。其上确系人眼，谓此虫有人照看也。野蚕结茧不能纺织，但亦有主，因其可作冬夜填絮之用。野蚕尚独，不肯合群，所以无法集中饲养。岷山先民有蚕丛氏驯化之成家蚕。甲骨文以二虫表示已合群了，已改尚独习性，此即家蚕之蚕字矣。可知古时多有地名蜀者，谓其地产野蚕而已，故不止一地一山名蜀者也。"（《字看我一生》P215—216）蜀字的渊源见证了农业文明之由野蚕到家蚕，以及相关丝织业之演化历史。

由于有这样的历史，中原人往往不能分别蠋与蜀二者之间的关系，因为传说蚕之驯化乃蜀王蚕丛所为——当然这种传说只不过是便于搞个人崇拜罢了，驯化一个物种从时间到能力都不可能是个人所能完成的——"远古酋长蚕丛开国,国既然以蜀名,标榜养蚕首功,蜀必定是家蚕。蚕丛即蚕虫,乃复名。单名,中原曰蚕,蜀国曰虫。扬雄《蜀王本纪》用此复名蚕丛,便利中原人士了解。"(《白鱼解字》P256)作为巴蜀先贤的扬雄,其用上古传说与神话写就的《蜀王本纪》,使邈远不清的巴蜀上古史能够在今天一系列考古发现——三星堆、金沙遗址等之验证下,愈见显豁。

【附记】2019年2月26日至3月6日断续写于成都,3月7日改定。

# "其名自呼"与汉字思维

唐代诗人宋之问,在第一次从被贬地岭南返回洛阳后,视察自己的山庄,得名句"野人相问姓,山鸟自呼名"(《陆浑山庄》),其堪讽诵不输"近乡情更怯,不敢问来人"。"山鸟自呼名"一句直接被元代萨都剌《玉山道中》一诗袭用,揭傒斯《画鸭》也说鸭子"应解自呼名",爱唱反调的苏轼当然来得更为有趣:"花曾识面香仍好,鸟不知名声自呼",但也被其后的赵与时袭用"花似于人曾识面,鸟如对客自呼名"(《句》)。"自呼名"之被一些人写进诗中,殆因与传统中汉字拟音、构词、命名当中的"其名自呼"的历史大有关联。

一

"其名自呼"又名"其名(鸣)自叫""其名(鸣)自

訕""其名（鸣）自詨""其名（鸣）自号"、其音如号（呼）。这种例证在《山海经》中甚多，分布于《东山经》《西山经》《南山经》《北山经》《中山经》等，多达25例，其中最著名的便是"精卫填海"的故事，"有鸟焉，其状如乌：文首、白喙、赤足，名曰精卫，其鸣自詨"。有一个特点必须引起注意，在《山海经》出现的其名自呼多为"其鸣自呼"或"其鸣自詨""其鸣自号"，此与后来流行的"其名自呼（号、詨）"还是有差异的。

令、命、名、鸣、铭都可谓同源词，其古音除令字是来声耕部，后四者均是明声耕部。即便令字的来声与后四者的明声，也是旁纽叠韵（见周光庆所著《汉语词汇认知·文化机制研究》P286—295《"令命名"族词考论》一文，商务印书馆2012年版），这也就意味着"其鸣自呼"与"其名自呼"虽有差异，却是有很深的渊源的。鸣字是指鸟鸣，后泛指一切出声皆可曰鸣。但《广雅·释诂》直接说，"鸣，名也"，而王念孙的《广雅疏证》由此指出："名之言鸣与命也。名、鸣、命古亦同声同义。"

那么，上古典籍特别是《山海经》里为何频频记录有"其鸣自呼"的事呢？鸟鸣现象如同其他自然现象一样，引起先民的注意，是因为鸟的叫声、习性等与先民生活有不少的关联，进而有族群以鸟为图腾崇拜。其中最著名的莫过于"天命玄鸟，降而生商"（《诗经·商颂·玄鸟》）。玄鸟即燕子，许慎《说文解字》的说法是："乙，玄鸟也。齐鲁谓之乙。取其鸣自呼。"这说明在上古对于事物的命名，特别是动物的命名上，"取其鸣自呼"已成为一大规律与传统。这既与许慎说祖先造字命名"远取诸物,近取诸身"的实际做法相合,也反映先民与大自然特别是动植物之间的关系,因为图腾崇拜也是关系之一种。

动物要呼要鸣,是其生物构造之所必然,故其鸣自呼,仿佛是动物作为客体自我表达之必需。也就意味着它那种鸣与呼,是自己区别于别物的方式,因为不同动物的鸣与呼不会绝对相同。通过其鸣其呼来区别这是哪种鸟,这是由于上古先民与动物关系密切,无论是亲近还是恐惧,都必须仔细对待的,故仔细谛听,其顶峰性的关系便是图腾崇拜。若把人与物的关系分为主客关系,那么客体要表达,可谓"其鸣自呼",而主体要称呼,便可谓"其名自呼"。

但问题在于,无论"其鸣自呼"还是"其名自呼",都是上古先民认为动物在呼唤自己的名字,或者说动物的叫声就是在告诉我们它的名字。事实上对一些动物的命名,上古先民就是通过它的叫声来构拟出相应的字词,而该字词之声音与叫声相近似。而这些构拟出来的与动物叫声相近似的字词,便成了该动物的名字,这便是"其名自呼"。比如《大戴礼记·夏小正传》里就说:"鸠鸣。言始相命也。先鸣而后鸠,何也?鸠者鸣而后知其鸠也。"简言之,为什么把它取名叫鸠呢?那因为它的叫声就是鸠。

这种命名方式可谓象声,与象形有异曲同工之妙。象形是按照不同的物体形象,而画成与其相似的样子而造字,算得上是某种意义上的"其形自证"。但所谓自证,也需要人的认识。

譬如博学如许慎，他看到"为"字，就解释成了母猴如何如何，其问题出在哪里呢？那是因为他没有见过甲金文字中的"为"，而被小篆形状所误。而象声按照不同的声音，通过对声音的模仿而构词，这样的词通常叫象声词或者拟声词。其中像蛙、布谷、猫、鸭、鸡、鹅等常见动物，都是如此得声而名的。除其名自呼外，还有不能自呼，但依据外物之作用，它就发出相应的声音的字，如彭、康、咣、砰等，当然还有模拟人类的惊呼，如哟、喂、夥颐等，也可以在广义称之为其名自呼。

人类通过万物自鸣其名而为其命名为这当然不是一蹴而就的事，而是反复往来、彼此迁就，以达成最终相对统一的结果。但即便音同，字也不一定完全相同，这就说明音与字之间不存在一一对应。这就使得能指与所指之间，不存在坚固不变的指称关系，出现意义的漂浮、歧义、多义乃至一字所含两义完全的情形。如蛇在汉字里的咝咝声，在英文中的snake，都是其名自证。但有咝咝声的肯定不只有蛇，但蛇的音与这个相扣，故名之其上。能指与所指之间的这种不确定性，被语言学家索绪尔称之为"语言符号具有任意性"，但这事不能完全绝对化，因为其名自呼使得事物本身（所指）与事物的名字（能指）之间毕竟是有一定关系的。

二

现在我们来看"流沙河认字"系列及相关书籍里所涉及的

其名自呼问题。这些书里涉及其名自呼的地方，我做了统计，共有 26 例。按我们前面对其名自呼的解说，大约可以分成三类：一是涉及动物的其名自呼 10 例；二是外物作用于物就能发出相应的声音，而根据声音造出相应字的有 9 例；另有两处涉及人类惊叹的声音。其中关于钟、瓮两字各重复两处，秋字有四处重复。这里面的阐释，有足资我们理解汉字与我们的生活及思维之成形者，特意拈出来做些申说。

　　动物的其名自呼问题，不只是涉及构拟音词的问题，还涉及命名原则。给动物命名不外乎视觉、听觉，还有生活习性等方面的考量，我们集中谈听觉及声音对于动物命名的重要性，给人一种听觉于动物命名优先的错觉。事实上，学者李海霞考定了汉语对动物命名取象的优先秩序是视觉（体形、毛色等）优先，而听觉次之（《汉语对动物命名取象的优先规律》，《南京社会科学》2000 年第 10 期）。而"其名自呼"在动物命名的四大原则——近似原则、区别原则、美的原则、简洁原则（李海霞《汉语动物命名原则》，《殷都学刊》2000 年第 2 期）——最类同于"近似原则"。因是近似，人类用字所表达出来的动物声音，不会百分之百一一对应，况且命名时对声音的理解并不一致，用字不一样，再加上语音转变，你要考定"精卫"鸟的声音到底是一种什么样的声音，难度不小。有人以为精卫填海的这种鸟是一种雌性海燕，但这也只是一种揣拟之辞。

　　在释春夏秋冬之"秋"字时，流沙河认为蟋蟀准时鸣秋，且从今天上海人依旧呼蟋蟀为秋虫开始，得出"甲骨文秋字本义为蟋蟀"的结论。"《说文解字》:'秋,禾谷熟也。'从火,因为古人以大火(天蝎座阿尔法星)天黑后出现于正南天作为秋季之始。因其鸣声qiūqiū,'其名自呼',所以此虫名秋。今称蛐蛐,秋蛐双声可对转也。商代人所说的秋季,意思是蟋蟀的季节。"(《白鱼解字》P12)此说在另一处也有大同小异的表述,不过他在此的"顺便说说",值得一提:"商代早期只有春秋两季,尚未设置夏冬二季。具体说来,上半年为春,下半年为秋。"(《文字侦探》P179)同于此说的还有于省吾、唐兰、商承祚诸人,但认为商代有四季观念的则有董作宾、夏渌、杨琳诸人,夏渌考出甲骨文春夏秋冬四字,而杨琳则从殷人四方神、四方风与春夏秋冬的关系,来支持商代有四季之说(杨琳《汉语词汇与华夏文化》P66—67,语文出版社1996年版)。

先民不仅与大自然里的动物争夺资源,而且有长期的依靠往来,对鸟类他们习见极多,故用"其名自呼"来命其名者不少。"鸥与鹗原非一物。鸥指猛禽鹰类。鹗亦猛禽,故名鸥鹗,见于《诗经·豳风·鸱鹗》。……鸥鹗又作鸥鸺。鹗鸺双声对转,鸺即鹗也。又名鸺鹠,特指小型鸥鹗,亦即小鹗。鸣声连转,如云'休留休留',亦是其名自呼。"(《白鱼解字》P287)上述短文,颇饶婉转曲折的风致,从而让人得知鸺鹠亦是其名自呼。要知晓此等"其名自呼"并不那么容易,非多种知识如文字学与科学常识的融会贯通不可,此等文字若多选几则纳入课本来课今之年轻人,可收学习博物学与语言之美的多重功效。

一般说来，流沙河解字不是一上来就给你像字典一样刻板地开始。比如说到大家特别是四川有特殊历史感情的子规，他述及屈原《楚辞》与李白《宣城见杜鹃花》这样的诗句，然后再进入正文。"鹈鴂朱熹注音弟桂。蜀人叫李桂阳的就是这种鸟。李桂阳乃此鸟的叫声，'其名自呼'。前举子规、杜鹃、鹈鴂以及《说文解字》的寧鴂全是李桂阳二音的不同写法。"（《白鱼解字》P292）由此他分别四声鹃（"快点苞谷""割麦插禾"）与三声鹃（"李桂阳""你归呀"）的不同，并明及三声鹃才是子规。那"李桂阳"又为何叫子规呢？"子的古音读李。《说文解字》：'李，果也。从木子声。'是其证明。"（同上P293）音之系联，义之剖析，于此犁然自现。

更有进者，流沙河阐释其名自呼时，也使用其他辅助手段，来进一步加深读者对汉字的体会与认知。如论及燕子时他说："三千年前，殷人礼拜燕子，尊称玄鸟。《说文解字》谓齐鲁称燕子曰乙。燕子叫声乙乙，'其名自呼'。乙的篆文象燕飞之侧视。"（《白鱼解字》P294）注意到篆文燕子的侧视之形，颇类杜子美之"微风燕子斜"，燕子身轻体小，飞行必须符合空气动力学原理。燕子侧视之形大约因此就变成了常态，因为微风实在也是常有的事。至于说到乌鸦，他也多了些别人容易忽略的细节。"乌鸦复名。乌说其色，鸦状其声。古人感叹乌乎，后来字作呜呼，相当于川话的'哦ǒ嚯huò'，一点也不深奥。"（同上）而学者李海霞则说："如'乌'上古同'鸦'，均在影母鱼部,均模仿乌鸦叫声,而今天'乌'的发声一点也不像乌鸦叫了。"(《汉语动物命名原则》)李海霞说得也没错,但也许当初"乌"在其中在就有声兼色的作用,那么沙河先生的说法或会更为融贯圆通。

蛤蟆与蟾蜍因外形相似容易滋误,但流沙河简捷地说:"蛤蟆指的是蛙类,包括黑斑蛙、金钱蛙、虎纹蛙、雨蛙多种。鸣声蛙蛙,所以名蛙,这叫'其名自呼'。"那么怎么区分蛤蟆与蟾蜍呢?"蛤蟆鸣,蟾蜍不能鸣",可谓一语中的(《白鱼解字》P253)。至说及蝇类时,他主说舍蝇(苍蝇)而及其馀,"《诗经·小雅·青蝇》:'其声营营,止于樊。'营营正是其飞翔声。蝇无发声器官,以振翅鸣。此害虫之所以名蝇者,亦'其名自呼'也"(同上P255)。其间关于蛙、黾、蝇之间的关系,实在是关于昆虫里大腹类昆虫的一篇极有趣的科普小品文。

可怕的动物有小有大,小的如蝗虫,大的如鳄鱼。"为害最烈者为飞蝗,飞则蔽天,落则遍野,田间一切,席卷而空。其来也,鼓翅奋飞,大声喤喤,全村皆闻,十分恐怖。先民以其飞声取名曰蝗,也是'其名自呼'。可以推想,惶恐一词来自蝗恐。蝗灾恐怖虽成历史,惶恐一词却留下来。"(《白鱼解字》P384)至于鳄鱼也是"其名自呼",大约是很多人不曾想到的。"正字龍右旁象龍昇天之形,左旁下部从肉(肉食动物),左旁上部是童省作声符,叫作童省声。鱷鱼叫声tóngtóng(童童)。龍亦'其名自呼',可旁证远古所谓龍者鱷也"(《正体字回家》P36)。鳄鱼与龙的关系值得探讨,一种东西先厌恶,无法战胜,后竟喜欢——凤字的演变史亦然——如同人质爱上绑匪,其促成的心理机制理当注意。

说到动物的驯化,沙河先生在豕身上花了不少笔墨。"豕是野豬(简作猪)。……豕古音 xī,读音同豨。此乃小野豬尖叫的 xī 声。'其名自呼'又添一例。野豬生性凶猛,往往迎敌而上,拱翻强手,獠牙致命。"如此凶猛的野豬是怎么被驯化的呢?流沙河并没有从驯化动物的行为等要素上着墨,"先民怎样驯化野豕,其间种种经验,我们无从得知。但从古文字里能侦悉到最关键的一步,就是手术阉割。彘 zhì 的甲骨文正是用矢镞割豕腹以阉之的写照。豕变温驯后,不能再称豕,名之曰彘。彘,滞也。行动变得迟滞,不再横冲直闯猛蹦跳了"(《白鱼解字》P304)。文字和音韵学之知识,对于研究古代动植物大有用处,中国动物研究专家郭郛《尔雅注证:中国科学技术文化的历史纪录》(商务印书馆 2013 年版)一书之"释兽"章节里的注释,也说明流沙河所言不谬。

对于鸡的驯化,当然没有豕这样太多着墨的地方。"雏鸡叫声 jī jī 或 xī xī,'其名自呼'。这里不用奚义,仅借奚声标注雞字读音。奚字象形,本义是抓人的小辫子,被抓者当然是罪人了。不过此事与雞毫无关系。"但说到其鸣自呼的"鸣"字时,鸡特别是公鸡的主角地位就凸显出来了,"鸣指鸟鸣。公鸡抗议说:'看甲骨文和金文,明明是我在叫,到了篆文就变成鸟叫了!'从前乡下人无钟表,都是鸡鸣起床。皇宫都设专职鸡人,头戴鸡冠帻,鸣锣报晓呢。鸣字本从鸡,而且是公鸡。造字如此，反映出先民对报时的迫切需要"(《白鱼解字》P278)。鸡作为家禽在先民生活包括农业社会里的特殊功用，就彰显无遗了。

第二类"其名自呼"是关于外物作用于该物时该物所发出的响声，仿佛是在自呼其名。这类物与上面所说动物或者植物相比，几乎是没有生命的。晚上巡夜，敲梆以警住户小心火烛，以彰时更，"木梆为何名梆？古人诙谐答曰：'其名自呼。'"接下来流沙河解释木（竹）梆的型制，"木梆声洪而沉，竹梆声清而亮。竹在英文为bamboo"。讲了中外竹木梆的"其名自呼"，还没有完，更牵涉山中"有鸟啼声啵啵，如和尚念经敲木鱼。友人惊喜说：'听，知更鸟。'……知更就是专主打更事者，蜀人呼打更匠。推想起来，古代打更不用铜锣，而用竹梆，有知更鸟作证"。至此，你以为包袱抖尽，但流沙河意犹未尽，言及《说文解字》无梆而有柝，击柝如同敲梆，两木相击，亦是其名自呼（《流沙河近作》P92—93，安徽教育出版社2006年版）。

"磬为什么名磬？答曰：其声qìngqìng，所以名磬。此亦'其名自呼'。罄和磬有关系吗？答曰，有。铜罄腹内必空，盛物就敲不响。所以缶（陶钵）内无存物谓之罄。"(《白鱼解字》P45）与磬同属外物敲响的鐘（钟）与鏞呢？"《尔雅》说'大鐘谓之鏞。'鏞大，其声低沉。鐘小，其声高亢。鐘发出zhōng声，'其名自呼'，这是高亢的阴平声。鏞发出yóng声，也是

'其名自呼'，这是低沉的阳平声。四川人镛与庸都读 yóng，不同于标准音 yōng。川音更古老些。"(《白鱼解字》P236)"鐘被撞響，其聲 zhōng 而悠长，嗡嗡久之。"(《正体字回家》P213)这便是典型的外力作用于该物体而使该物体"其名自呼"。

外物撞击嗡嗡有声的不只是有鐘，而且有瓮。"公字本义乃是瓮缸。公乃瓮字的古写。甲骨文公两种写法，一从口字，一从方形，皆象瓮口之形。耳朵凑近瓮口，便能听见嗡嗡之声。公古音瓮。瓮名来自嗡嗡之声，古人所谓'其名自呼'是也。瓮口上面两撇表示发声。可知'背厶为公'解释公字，不合文字学的要求。"(《白鱼解字》P178)这样的观点，在解释《诗经·周南·芣苢》里的芣苢是薏苢时，涉及厶而及公，进而及瓮，继续将不少人所信奉的韩非之"自营为私，背厶为公"批评了一遍(《诗经点醒》P49—50，四川文艺出版社 2018 年版)。我不仅赞同流沙河对韩非的批评，更认同他对厶、师、私、芣（薏）苢之间侦探般的清晰考证，使得《芣苢》这首诗的诸种争讼几乎可以止息。而世人所看重的"金"之名，也同样来自敲击金本身发出的声音，"天然金捶成的薄金饼，敲之有声 jīnjīn。'其名自呼'，就叫作金"(《白鱼解字》P232)。

上古的河专指黄河，江专指长江，为稍有旧学知识的人所知晓。但江河何以名此，估计不少人并不一定了解。"江，工（杠）声。河，可（柯）声。江河都是'其名自呼'。长江冲击川峡，水声 gāng 然，所以名江。黄河跌落壶口，水声 kē 然，所以名河。"(《白鱼解字》P61)像水这种一般不是外物撞击它,而是它撞击外物,依其体量大小与地形之宽窄陡狭,从而形成不同的撞击声而名之。江河以此各得其名,却皆"其名自呼",似乎声音与命名之间呈现的偶然性远多于必然性,学者章季涛对"河"字之释也是旁证。"《诗经·卫风·硕人》:'河水洋洋,北流活活'。古人用'活活'一词描摹黄河的水声,由此可以推想,黄河被叫作河,大概同它的'活活'之声分不开。'河'字以'可'为声符,是因为'可''活'读音相近,'可'字可以拟其音。'江'字的结构与'河'相同。"(《怎样学习说文解字》P46,当代中国出版社2018年版)

火于祖先的重要性远大于今人,皆因今日取火易如反掌之故。如此重要之"火"是怎么得名的呢?沙河先生以回忆性质的小故事告知我们:"忆予弟妹众多,寒冬争着灶下烧火,木柴有局部饱含树脂者,烈火炙焚,喷火嚯嚯有声。慈母说这是'火在啸'。今思之而憬悟。原来氧气助燃,发热发光,形成焰垛,原始人叫作huǒ,后代人写成火,火名也是《尔雅》说的'其名自呼'。"(《白鱼解字》P102)儿时与家人在火塘向(烤)火,看到树脂助燃而喷火,嚯嚯有声这种情形,大人必定说"火在笑,客来到"。彼时以为"火在笑",实为"火在啸"之误。

第三类与"其名自呼"有关的,便是以人类的惊呼声来命名的。乍听一个非常健壮的人突然离世,呜呼、哦嚯之类的词,便不由从先民口中出来。其中最为典型的就是"芋"这种植物,又号蹲鸱,先民见此种作物骇大,便"哟"一声,即以此为名(《白鱼解字》P148)。此种观点在《芋之所以名芋》一文里也有相当的发挥,并解"夥颐"为"嚄哟"(《书鱼知小》P117)。史学家顾颉刚说禹是一条虫,被民族主义者谩骂,不过这并非他的发明。"《说文解字》:'禹,虫也。'文字书嘛,就字释字。若是史书,那就该释为'古帝王名也'。"那么禹这名是怎么来的呢?"这位神虫躯体甚大,因为禹 yǔ 声表示惊叹,相当于今之哟。先民见蜀地有植物块根大得骇人,惊叹一声哟,所以名叫芋,正如见有虫大得骇人,惊叹一声哟,所以名叫禹。从字形和语源可推知禹是神虫,躯体甚大。"(《白鱼解字》P257)禹之得名充满神秘色彩,再加上他传说的事功,就使一个人被神化而成为偶像崇拜。神化人包括造字总归于仓颉,使得中国文化和历史的内核对人有极深的辖制而习焉不察,自然更不用因此摆脱此种困扰。

## 三

在了解其名自呼与流沙河关于其名自呼的例证后,我们来看看其名自呼的拟音、构词、命运与汉字思维之间的关系。"流沙河认字"系列里有零散的关于造字方法的说明——关于此点会另文撰述——但并没有涉及其名自呼与汉字思维之间的关系,我只不过在他的例证及其他学者于此的言说上做些统合辨析的工作,以使我们对中国人的思维底色及内在根基有更多的认知,从而明白我们是如何思想,也因此受制的。

对其名自呼与思维之间的关系比较明确阐发出来的是学者华强。他在《远古中国人思维特点之二:其鸣自叫》的文章里说:"人们按照鸟的叫声为鸟起了不同的名字,但是鸟叫声使处在思维低级阶段的远古人类认为名字在先,鸟叫在后。在远古人类的思维中,鸟(或其他动物)早已有了自己的名字,所以它不停地发出叫声是在叫自己的名字。因为它就是这个名字,为了告诉别人,所以它才这样叫。这是一种很直接、很幼稚的思维方式。"(《甲骨文比较研究》P252,三秦出版社 2011 年版)为何如此呢?因为上古先民将名字与事物本身当作是天然不可分割的组成部分,换言之,能指与所指之间的差别在很多时候无法分别。甚至因果倒置,或者犯了"在此之后,因此之故"的逻辑毛病:即鸡叫后往往会天亮,但它不是天亮的原因。

人类学家弗雷泽于此也有非常清晰的表达:"未开化的民族对于语言和事物不能明确区分,常以为名字和它们所代表的人或物之间不仅是人的思想概念上的联系,而且是实在的物质的联系,从而巫术容易通过名字,犹如通过头发、指甲及人身其他任何部分一样,来为害于人。事实上,原始人把自己的名字看作是自身极重要的部分,因而非常注意保护它。"(《金枝》P400,商务印书馆 2013 年版)法国人类学家列维-布留尔在《原始思维》里说这是互渗律。不特如此,还在此基础上,形成了对所命名的动物的依赖和崇拜,陆锡兴所著《汉字的隐秘世界:汉字民俗史》(上海辞书出版社 2003 年版)就是很好的佐证。要言之，客观地分析动物是次要的，命名立号并精通之，这才是对自然界乃至社会实现思维把控的方式，儒家为何要牢牢把控正名学说的话语权，其因在此（胡司德《古代中国的动物与灵异》P38，江苏人民出版社2016年版）。

说汉字是以象形为基础发展起来的形音义兼具的文字，这话我想应该会获得不少人的同意。象形是对事物形态、外在突出特征的一种图画式反映，有了象形符号，要过渡到完全固定的象形文字，应该是一个漫长的发展过程。但这样的符号如何得音，却是个争讼不休的问题。虽然主流观点认为，语言先于文字，声音是语言的物质外壳，且文字是语言的记录符号，但语言活动是从什么事物发展而来的呢？力主手势说的汤炳正在其所著《语言之起源》（增补本，下同）里有比较清晰的看法，而为是书作长达五十馀页序的力之先生，更是不遗馀力地彰显阐发汤先生的学说。汤先生明确地说："语言者，乃以喉舌声音表达事物与思想；而文字者，则以图画形象表达事物与思想。语言由声音达于耳；而文字则由形象以达于目。……远古先民，实依据客观现实以造字，并非'依声以造字'；亦即文字并非'在语言的基础上派生出来的'。"（《语言之起源》P76，三晋出版社2015年版）直言之，象形在前，而象声在后。

最典型的例子就是汤炳正通过考索名—冥、问—昏、音—暗的语源和音义关系后，得出一个支持其手势说的看法。"盖远古先民，于昼间皆以手势表事达意，逮日夕昏冥，视官失其功能，即不得不代以发诸口舌之语音，以乞灵于听觉；'冥不相见'而以口舌'自命''自名',特昏夕之中表事达意之一端耳。若再进而就'名'字所代表之语音,以推其得义之由来,则更足以证明此说之不谬。"(同上P33)这当然是从《说文解字》对"名"字的阐释而来:"名,自命也。从口夕。夕者,冥也。冥不相见,故以口自名。"相当于说,在夜晚看不到人,手势无用,对方听到有响动,问是"哪个"?你回答"是我——张三"。换言之,其鸣(名)自呼是因为其外在毛色、体形等特征不怎么突出,叫声却比较有区别能力,且声洪嗓亮,易于传播,因此通过其叫声来给动物命名。

但命名时对声音的理解,还有拟音的词汇,因为各种因素如方言的不同,其最终命名及音读多有不同。"古人寻求事物命名的原因,主要靠联想,意义上的联想和声音上的联想。这种联想当然离不开古人的生活环境,因此,对于古人这种推寻事物得名的做法,与其判断其对错,还不如多探讨其何以要如此做。联想是极其自由的,有时甚至是无理的。"(王宁等《〈说文解字〉与中国古代文化》P83—84,辽宁人民出版社2000年版)正如荀子所说:"名无固宜,约之以命,约定俗成谓之宜,异于约则谓之不宜。"(《荀子·正名篇》)但是否所有名物,都能考索出其来源呢?刘歆《与扬雄书》认为名物皆有来源,"非徒无主而生是也",但并非所有命名都可以找到来源,训诂学家对这种事物的命名情况叫作"绝缘无佐证"。

其名自呼对汉字的拟声、构词与命名的影响,总体来讲没有得到足够的重视,但事情总有例外。学者老湾说:"将象形说和自呼说合并谈论，大致可以推导出这样的观点：表征万物的字形来源于万物在大自然中的留影和痕迹（象形），字音来源于它们的自呼；再按照指称论（意义即指称）的说法，其字义则是万物自己。万物自己表征自己、自己呼出自己，造字者（人）只是忠实的记录员而已。这样的一组形音义关系，构成了汉字'言说'世界的独特方法，也是华夏先民与世界相遇的独特方式，可简称之为'其名自呼'，伴随有'其形自画'和'其义自显'的意思。"（《汉字有话说：说出中华文化原初样式》P2，东方出版社2017年版）由此我们不难看出汉字思维底色中一些至今仍被高看的原始思维，万物当然不能完全脱离人而自呼、自形自画、其义自显，人才是参与命名的主体。

汉字发展初期的"三自"——其名自呼、其形自画、其义自显，即一种变相的"天人合一"，自然有一定的道理，但到如今还对此没有清醒的认识，处于低级的自然认知与交感巫术中，这也使得汉字（语）在表达绝对真理、超验真理上明显乏力，因为汉字自身就成了一种崇拜对象。换言之，人崇拜自己创造的东西，这种"自我表扬"，实足以蔽天而不自知。香港学者关子尹在《六书学说的现象学诠释》里一反过去比较注重汉字部首、而相对忽略汉字部件的问题时说："从认知的角度看，构成汉字的基本部件几乎都是以身体性、经验性和生活性为主的，若对这些部件做出定性分析，可分别出以下六个组别"：人体及其部分、生理现象或肢体活动、自然现象、动物植物、生活文化、指事记号（台湾《汉学研究：汉字与思维专辑》P68—69，

2015年版）。汉字文化构成的基本部件，其与"身体性、经验性和生活性"密切到一个不可分割的地步，对先民是一个不小的便利，对后世未必全是利好。

【附记】2019年10月杪起笔，继于11月2日至8日写就，8日改定于成都。时值流沙河先生八十八岁米寿生日前夕，谨以此文祈福他身、心、灵俱健。